COLLECTION DE M. ***

EAUX-FORTES

MODERNES

---

28 AVRIL 189[illegible]

Me Maurice DELESTRE
COMMISSAIRE-PRISEUR
5, rue St-Georges, 5

M. DUPONT aîné
MARCHAND D'ESTAMPES
15, rue de Seine, 15

CATALOGUE (N° 154)

D'EAUX-FORTES

MODERNES

PAR ET D'APRÈS

Appian, Bracquemond, Brunet Debaines, Buhot,
Carpeaux, Chaigneau, Courtry, Daubigny, Delauney, Desboutin,
Flameng, Forel, Foulquier, F. Gaillard,
Gaujean, L. Gautier, Goëneutte, H. Guérard, Hédouin, Hervier, Ch. Jacque,
Jacquemart, Lalanne, Legros, Leterrier, Los Rios, Martial,
Meissonier, Milius, Oudart, Raffet,
Rajon, Rassenfosse, de Rochebrune, Rops, H. Somm, Taiée, Troyon,
Van Muyden, Whistler, etc.

ÉPREUVES D'ARTISTE

SUR PARCHEMIN ET SUR JAPON

DONT LA VENTE AUX ENCHÈRES PUBLIQUES AURA LIEU

HOTEL DES COMMISSAIRES-PRISEURS, RUE DROUOT, SALLE N° 8

Le Mercredi 28 Avril 1897

à deux heures.

Par le ministère de Me **MAURICE DELESTRE**, Commissaire-Priseur,
rue St-Georges, 5

Assisté de M. **DUPONT** aîné, marchand d'Estampes, rue de Seine, 15.

PARIS, 1897.

CONDITIONS DE LA VENTE

Elle sera faite au comptant.

Les acquéreurs payeront *cinq pour cent* en sus des enchères, applicables aux frais.

M. Dupont, chargé de la vente, se réserve la faculté de réunir ou de diviser les lots.

L'ordre du Catalogue sera suivi.

DÉSIGNATION

APPIAN

1 — Les sources de l'Albarine — Le port de San Remo — Retour de la pêche à Collioure. Trois pièces, très belles épreuves d'artiste sur japon.

BAUDE (Ch.)

2 — Portrait de Victor Hugo. — Les Cerises d'après Edelfeldt — Premiers pas d'après Demont Breton — Barque de pêche d'après Haquette — Sur la Seine le soir d'après Gœneutte, etc. Vingt pièces.

BÉRAUD (d'après J.)

3 — Une soirée, par Ramus. Très belle épreuve d'artiste sur japon.

BILLY (Ch. de)

4 — La Faneuse, d'après E. Adam. Très belle épreuve d'artiste avec remarque sur parchemin.

5 — Les Enfants du comte d'Artois, d'après Drouais. Très belle épreuve d'artiste sur japon.

6 — Gulliver — Les Bûcheronnes, d'après Em. Adam. Deux pièces, épreuves d'artiste sur japon.

BLÉRY (E.)

7 — Le pont de Dorieu — Le Torrent — Le gué — Le vieux chêne, etc. Six pièces, épreuves d'artiste.

8 — Le Chemin des chartreux — Les bords du Loing — Le bouquet d'arbres — Vue prise près de Thiers, etc. Huit pièces, épreuves d'artiste.

BODMER (K.)

9 — Cerfs dans la forêt. Epreuve d'artiste sur chine.

BOILOT

10 — Cavalier Louis XIII — Portrait d'une dame d'après Louis Leloir. Deux pièces, très belles épreuves d'artiste avec remarque sur japon, signées.

BOILOT, JASINSKI.

11 — L'Amateur de tableaux, d'après Aranda — La dame rose, d'après Stevens. Deux pièces, très belles épreuves d'artiste sur parchemin, signées.

BOILVIN

12 — Bivouac à Metz — Scène de Rabelais. — Bouquetière, etc. Cinq pièces, très belles épreuves d'artiste.

BORREL, HANRIOT.

13 — Le Traineau, d'après Boucher — La femme du Pollet, d'après Vollon. Deux pièces, très belles épreuves d'artiste sur japon.

BRACQUEMOND

14 — Boissy d'Anglas présidant la Convention. Belle épreuve d'artiste sur japon.

15 — La Servante, d'après Leys. Très belle épreuve d'artiste.

16 — Ils s'en allaient dodelinant, etc. Très belle épreuve d'artiste.

17 — Le lapin de garenne. Très belle épreuve d'artiste avec la planche non ébarbée.

18 — Sur la terrasse — Pâturage, d'après Cuyp. Deux pièces, très belles épreuves d'artiste.

19 — Souvenir d'Italie — Le cheval blanc, d'après Corot. Deux pièces, très belles épreuves d'artiste.

20 — Canards surpris — Brumes du matin. — Sarcelles — L'inconnu. Quatre pièces, belles épreuves.

21 — Zacharie Astruc, in-8. Belle épreuve avant toutes lettres sur japon.

22 — Portraits de Legros, Meyer Heine, Fernand. Trois pièces, très belles épreuves d'artiste dont une sur parchemin.

BROWNE

23 — La Confession — Joseph vendu par ses frères, d'après Bida. Deux pièces, très belles épreuves d'artiste signées.

BRUNET-DEBAINES

24 — Les Cagnards de l'Hôtel-Dieu. Très belle épreuve avant la lettre.

25 — Daphnis et Chloé, d'après Français. Très belle épreuve d'artiste sur chine.

BRUNET-DEBAINES, NIEL

26 — Vues de Paris. Quinze pièces, belles épreuves d'artiste.

BUHOT (F.)

27 — Frontispice pour l'*Ensorcelée*. Très belle épreuve de remarque avec croquis dans les marges, sur japon.

28 — La Fête nationale du 30 Juin au boulevard Clichy. Deux épreuves de remarque avec croquis dans les marges, dont une avant beaucoup de travaux.

BURNAND (Eug.)

29 — Taureau dans les Alpes. Très belle épreuve de remarque sur japon.

BUTIN (d'après Ulysse)

30 — Lancement d'une barque. Très belle épreuve d'artiste sur chine.

CAROLUS DURAN (d'après)

31 — Le baiser, par Deblois. Très belle épreuve d'artiste sur chine.

CARPEAUX

32 — Portrait de Marcellin, sculpteur, eau-forte originale. Epreuve d'artiste sur japon.

CHAIGNEAU (F.)

33 — Gardeuse de moutons. Superbe épreuve avec remarque sur parchemin, signée.

34 — Le Retour du troupeau. Très belle épreuve avec remarque sur hollande.

CHAPLIN (d'après)

35 — Premières fleurs par Penel. Très belle épreuve d'artiste avec rema[illegible]ue sur parchemin, encadrée.

CHARLET

36 — Napoléon à cheval — Chasseur de la garde nationale — Grenadier — Ah ! si j'étais de la police, etc. Seize pièces, très belles épreuves.

COROT (d'après)

37 — Le pont de Mantes, par Fonce. Très belle épreuve d'artiste avec remarque, signée.

COURTRY (Ch.)

38 — La famille d'Holbein, d'après lui-même. Très belle épreuve d'artiste.

39 — Souvenir du XVIIIe siècle. Très belle épreuve d'artiste sur japon, signée.

40 — Les funérailles de Marceau, d'après Jean Paul Laurens. Très belle épreuve d'artiste sur japon, signée.

41 — La Corderie — La plaine, d'après Van Marcke. Deux pièces, très belles épreuves d'artiste.

42 — Les vieilles femmes de la Place Navone, d'après Robert Fleury — La Partie de cartes, d'après P. de Hooghe. Deux pièces, très belles épreuves d'artiste sur chine.

43 — André del Sarte — Infante Marguerite — Salomé. — Madame Feydeau, etc. Cinq pièces, très belles épreuves d'artiste.

44 — Les bulles de savon d'après Chaplin — Chercheurs de truffes, d'après Vayson — Intérieur d'église — Diane. Quatre pièces, très belles épreuves d'artiste.

45 — Contribution de guerre, d'après Menzel — Fumeurs, d'après Terburg — Intérieur hollandais, d'après P. de Hooghe. Trois pièces avant la lettre.

COURTRY, KRATKÉ, WALTNER

46 — Paysages, d'après Corot et Rousseau. Six pièces, très belles épreuves d'artiste.

CUCINOTTA

47 — Le Péage, d'après Rudaux. Très belle épreuve d'artiste.

DANGUIN, DIDIER

48 — Le Songe du chevalier — L'Abondance. — L'Adoration des bergers, etc. Sept pièces, belles épreuves.

DANSE (A.)

49 — Dans le prairie — Portrait d'homme, d'après Wauters. Deux pièces avant la lettre.

DAUBIGNY (C.)

50 — Le Buisson, d'après Ruysdaël. Très belle épreuve.

51 — Son portrait, par Trimolet — Paysage, d'après Ruysdaël. Deux pièces avant la lettre.

DEBLOIS (C.)

52 — Révolte de Pavie, d'après Boutigny. Très belle épreuve d'artiste avec remarque, signée du peintre et du graveur.

DECAMPS (d'après)

53 — Lithographies et eaux-fortes, sujets divers. Vingt-huit pièces, belles épreuves.

DECISY

54 — L'Adoration des bergers, d'après Dinet. Epreuve de remarque sur parchemin, signée.

DELAUNEY

55 — Notre-Dame de Paris — Abside de Notre-Dame. Deux pièces, belles épreuves.

56 — Cathédrale de Rouen — Harfleur. Deux pièces, belles épreuves.

57 — Cathédrale de Cologne. Belle épreuve.

DELAUNEY, NIEL

58 — Ruines des Tuileries — Fontaine de Médicis, etc. Sept pièces, belles épreuves.

DEMONT-BRETON (d'après)

59 — Les loups de mer, par Spinelli. Très belle épreuve d'artiste avec remarque sur parchemin, signée.

DESBOUTIN (M.)

60 — Son portrait dit à la pipe. Très belle épreuve d'artiste, signée.

61 — Mademoiselle Mou-Mou. Très belle épreuve d'artiste.

62 — La Sortie du bébé — Le repos. Deux pièces, très belles épreuves d'artiste.

63 — Joueuse de flûte, d'après Frans Hals. Très belle épreuve d'artiste avec remarque.

64 — Portrait d'homme, d'après Rembrandt. Très belle épreuve d'artiste avec remarque sur parchemin, signée.

DESMOULIN

65 — Une Séance du docteur Charcot. Epreuve avant toute lettre sur japon.

DETAILLE (d'après)

66 — Mon ancien régiment, par Boulard. Très belle épreuve d'artiste sur japon.

DEVILLE (Th.)

67 — Vue d'un village. Belle épreuve de remarque sur chine.

DIVERS

68 — Petites filles tenant des poupées, d'après Brownscombe. Très belle épreuve avant la lettre, en couleur.

69 — Le dernier jour d'un condamné, par Courtry — Printemps, par Chauvel — La dame rose par Jasinski — Le port de Pont Aven, par Daumont ; etc. Six pièces, belles épreuves.

DUPRÉ (d'après Julien)

70 — Dans la prairie, par Félix Oudart. Très belle épreuve d'artiste avec remarque sur parchemin, signée du peintre et du graveur.

71 — La Récolte des foins, par Muzelle. Très belle épreuve d'artiste sur chine, signée - Plus une épreuve d'essai non terminée.

FLAMENG (L.)

72 - Hassan et Namouna, d'après Regnault. Très belle épreuve d'artiste.

73 — La source — Angélique, d'après Ingres — L'abreuvoir, d'après Troyon — Jeune fille, d'après Greuze, etc. Neuf pièces, belles épreuves.

FLAMENG (d'après Fr.)

74 — Les Vainqueurs de la Bastille. Epreuves avant toute lettres sur chine.

FOCILLON

75 — Bords de la Bièvre. Très belle épreuve d'artiste sur japon avec dédicace.

FONCE (C.)

76 - Paysage, effet de neige. Très belle épreuve avec remarque sur parchemin, signée.

FONFAYE DE LA PRANDIE

77 — Un mousquetaire, d'après Desgoffe. Très belle épreuve avec remarque sur parchemin, signée.

FOREL

78 — L'Abside de Notre-Dame. Très belle épreuve d'artiste, signée.

79 La Seine et le Pont Neuf. Très belle épreuve d'artiste sur japon, signée.

FORMSTÉCHER (H.)

80 — Jeanne d'Arc, d'après Ingres. Très belle épreuve d'artiste sur chine.

81 — Dans la campagne, d'après Ridgway-Knight — Petite fille endormie. Deux épreuves d'artiste, signées.

FOULQUIER (V.)

82 — Le Rendez-vous — Promenade sous bois ; eaux-fortes originales. Deux très belles épreuves avant toutes lettres.

83 — Marines. Quatre pièces, très belles épreuves d'artiste sur japon, dont deux avec remarques.

FOUQUET (G.)

84 — Jeune fille, d'après Van den Bos. Très belle épreuve d'artiste avec remarque sur parchemin, signée.

85 — Portrait d'homme, d'après Rembrandt. Très belle épreuve d'artiste sur parchemin, signée.

86 — La Paie des moissonneurs, d'après Lhermitte. Epreuve d'artiste sur japon.

GAILLARD (F.)

87 — Œdipe, d'après Ingres. — Le pape Léon XIII, réduction. Deux pièces avant la lettre sur chine.

88 — St-Sébastien. Epreuve avant toute lettre sur chine.

89 — Le Père Hubin. Très belle épreuve avant la lettre sur parchemin.

90 — Son portrait par de Marc — La vierge au donateur, d'après Jean Bellin — Le Dante — Œdipe, d'après Ingres. Cinq pièces, belles épreuves.

GAUCHEREL

91 — L'Acropole, d'après Duban. Très belle épreuve d'artiste sur chine.

GAUJEAN (E.)

92 — La Vierge, St-Georges et St-Donatien, d'après Van Eyck. Très belle épreuve d'artiste avec remarque sur japon, signée.

93 — Souvenirs, d'après Chaplin, en couleur. Très belle épreuve d'artiste avec remarque, signée.

94 — Les Baigneuses, d'après Fragonard, en couleur. Très belle épreuve sur japon.

95 — Jeune fille, d'après Greuze, en couleur. Très belle épreuve d'artiste sur japon, signée.

96 — L'Enfant abandonné, d'après Deschamps, en couleur. Très belle épreuve d'artiste sur japon.

97 — La Dame aux Camélias, d'après Lynch ; couverture — La Française du siècle, d'après le même. Deux pièces, très belles épreuves d'artiste en couleur, dont une sur japon.

98 — Jeune fille avec deux amours, d'après Bouguereau — Le Concert, d'après Terburg. Deux pièces avant la lettre sur japon.

GAUTIER (L.)

99 — Le château St-Ange. Très belle épreuve d'artiste, signée.

100 — Le Forum. Très belle épreuve d'artiste avec remarque sur japon.

101 — Le Grand Canal à Venise, d'après Ziem. Très belle épreuve d'artiste avec remarque, sur parchemin, signée.

102 — Sancta Maria Della Salutte d'après Canaletti. Très belle épreuve d'artiste sur japon, signée.

103 — Le château de Chillon. Très belle épreuve d'artiste avec remarque, sur japon, signée.

104 — Soleil couchant. Superbe épreuve avec remarque sur japon, signée.

105 — L'arbre brisé, d'après Corot. Très belle épreuve d'artiste avec remarque, sur parchemin, signée.

106 — Les Chaumières, d'après Corot. Très belle épreuve d'artiste avec remarque, sur parchemin, signée.

107 — La Mare, d'après Jules Dupré. Très belle épreuve d'artiste sur parchemin, signée.

108 — La Place Maubert — Place du Chatelet — Rue St-Julien-le-Pauvre — Le Pont des Saints-Pères. Quatre pièces, très belles épreuves d'artiste avec remarque, signées.

109 — Le Pont de Brocklin à New-York. Très belle épreuve d'artiste sur parchemin, signée.

110 — Vue de Saint-Paul de Londres — Le Pont de Brocklin. Deux pièces avant la lettre.

111 — L'Abbaye de Westminster – Sous le Directoire, d'après Lonzi. — Paysage. Trois pièces avant la lettre.

GAZETTE DES BEAUX-ARTS

112 — Sujets divers d'après Ingres et Delacroix. Onze pièces, très belles épreuves.

113 — Portraits divers d'après les maitres anciens. Onze pièces, belles épreuves.

114 — Cinquante eaux-fortes, sujets divers ; album composé. Belles épreuves.

GILBERT (A.)

115 — Le Buveur, d'après Vibert — Préparatifs de guerre — Athlète étranglant un python, d'après Leighton. Trois pièces, dont deux avant la lettre.

GŒNEUTTE (Norbert)

116 — Le Concert. Très belle épreuve d'artiste.

117 — Chanteuse ambulante. Très belle épreuve d'artiste sur japon.

118 — Jeune femme regardant Paris des hauteurs de Montmartre. Très belle épreuve d'artiste.

119 — Jeune femme avec un grand chapeau. Très belle épreuve. Rare.

120 — Vues d'Anvers — Moulins en Hollande. — Vues de Venise. Sept pièces, très belles épreuves.

GRAVIER (A.)

121 — Paysage, d'après Yeend King. Epreuve avec remarque sur chine, signée.

GRÉNIER (E.)

122 — Atelier de Dantan — Statue du Monument de Gambetta — Femme à son piano. Trois pièces avant la lettre.

GREUX

123 — Troupeau de vaches à l'abreuvoir. Très belle épreuve d'artiste sur japon, signée.

124 — Tourmente de neige, d'après Schenck. Très belle épreuve d'artiste sur japon, signée.

125 — Jubé de St-Etienne du Mont — Paysage d'après Th. Rousseau. Deux pièces, belles épreuves.

GUÉRARD (Henri)

126 — Négresse, essai en couleur. Très belle épreuve d'artiste, signée.

127 — Le vieux guitariste. Très belle épreuve d'artiste, signée.

128 — Azor, essai en couleur. Très belle épreuve d'artiste signée.

129 — Polichinelle — Le même, autre planche. Deux pièces, très belles épreuves d'artiste.

130 — Douze menus, sur une même planche. Très belle épreuve.

GUÉRARD, OUDART

131 — Calendriers de 1882, 1884. Deux pièces, belles épreuves.

GUILLAUMOT (A.)

132 — Démolition de la Bastille. Très belle épreuve d'artiste, signée.

HANRIOT, DESMOULIN

133 — La femme au masque, d'après Gervex — Hérodiade, d'après Humbert — Baigneuse, d'après Henner — Parisienne d'après Louise Albéma. Quatre pièces, très belles épreuves d'artiste.

HÉDOUIN (Edm.)

134 — Rendez-vous de chasse, d'après Vanloo. Très belle épreuve d'artiste sur chine, signée.

135 — Aischa — Coquette — Le Verger — Leçon de couture, etc. Cinq pièces, très belles épreuves d'artiste.

HERVIER

136 — Eaux-fortes ; marines, paysages. Douze pièces, très belles épreuves.

137 — Paysages, marines, sujets divers ; suite complète de quatorze lithographies. Très belles épreuves d'artiste sur chine.

HOOK (J.)

138 — Portrait de l'artiste. Epreuve d'artiste sur parchemin, signée.

HUET (Paul)

139 — Les deux chaumières. Superbe épreuve d'artiste sur chine. Rare.

JACQUE (d'après Ch.)

140 — Le Retour du troupeau, par L. Gautier. Très belle épreuve de remarque sur japon avant la planche coupée.

141 — Le Troupeau dans l'étable. Deux pièces différentes avant la lettre.

JACQUE (Fréd.)

142 — Berger gardant son troupeau sur le bord d'une rivière. Belle épreuve avec remarque.

JACQUEMART

143 — Rembrandt — Le soldat et la fillette qui rit — Wilhem van Heythuisen — L'Ecureuil et la mouche, etc. Dix pièces, belles épreuves.

144 — Vases. — Armes et objets de curiosité. Huit pièces, belles épreuves.

KRATKÉ (L.)

145 — Retour de chasse. Très belle épreuve d'artiste avec remarque sur parchemin, signée.

146 — Arquebusier, d'après Fortuny. Très belle épreuve d'artiste, avec remarque sur japon, signée.

147 — La récolte des œillettes, d'après Laugée. Très belle épreuve d'artiste avec remarque sur parchemin signée.

LAGUILLERMIE

148 — Le Condottiere, d'après Antonello de Messine. Deux pièces, très belles épreuves d'artiste, d'états différents.

LALANNE (M.).

149 — Paris ; vue prise du Trocadéro — Vue prise du pont de la Concorde. Deux pièces, très belles épreuves.

150 — Siège de Paris ; suite complète de douze eaux-fortes dans la couverture de publication. Très belles épreuves d'artiste.

151 — Les Roches noires — Villers — Un parc — Incendie du port de Bordeaux, etc. Cinq pièces, très belles épreuves.

152 — Paysages — Vues, etc. Cinq pièces, très belles épreuves d'artiste.

153 — Paysages. — Vues, sujets divers. Huit pièces belles épreuves.

154 — Paysages — Gorges de montagnes. Deux très beaux dessins au fusain, signés.

LALAUZE (Ad.)

155 — Le Rendez-vous, d'après Watteau — Le Prêche, d'après J. P. Laurens — Le Chant du cygne, d'après Bida. Trois pièces avant la lettre.

156 — L'Escarpolette — Pêcheuse — Tartufe — Croquis d'enfants. Sept pièces, belles épreuves d'artiste.

LAMOTTE

157 — Souvenirs, d'après Chaplin. Très belle épreuve d'artiste sur chine.

LANÇON

158 — Le lion. Deux très belles épreuves d'artiste dont une avec remarques, sur japon.

LE COUTEUX

159 — Djelma. Très belle épreuve d'artiste sur japon.

LEGROS

160 — Le grand Espagnol — La charrue. Deux pièces, très belles épreuves d'artiste.

161 — Mendiants — Le Manège — Le réfectoire. Trois pièces. belles épreuves.

LEPIC (Vte)

162 — Marines — Paysages. Vingt-six pièces, épreuves d'artiste.

LEROY (Louis)

163 — La lisière de forêt — La cataracte. Deux pièces, très belles épreuves d'artiste.

LETERRIER (P.)

164 — La chasse au cerf — Le passage du gué. Deux pièces, très belles épreuves d'artiste sur japon, signées.

165 — La Cascade. Très belle épreuve d'artiste sur japon.

166 — La Tricoteuse — Paysages. Trois pièces, épreuves d'artiste sur parchemin, signées.

LOS RIOS (de)

167 — Printemps, d'après Lerolle. Très belle épreuve d'artiste avec remarque sur japon, signée du peintre et du graveur.

168 — Faneuse, d'après Lerolle. Très belle épreuve d'artiste avec remarque sur parchemin, signée du peintre et du graveur.

169 — Joueuse de guitare, d'après Sargent. Très belle épreuve d'artiste sur parchemin, signée.

MARE (de)

170 — Angoisses, d'après Schenck. Très belle épreuve d'artiste, signée.

MARTIAL (R.)

171 — Retour de la pêche à Cancale, d'après Feyen Perrin (grande planche). Très belle épreuve d'artiste avec remarque sur japon, signée.

172 — Jeune citoyen de l'an V, d'après Goupil. Très belle épreuve d'artiste sur japon.

MASSARD (J.)

173 — Jeune veuve d'après Greuze. Très belle épreuve d'artiste avec remarque sur chine.

MATHEY

174 — Le chien au canard, d'après Troyon. Très belle épreuve d'artiste avec remarque sur japon.

MEISSONIER (d'après)

175 — Son portrait en uniforme d'officier, sculptant, et à cheval par Monziès. Trois pièces, très belles épreuves d'artiste sur parchemin.

176 — Un cavalier, par Ch. Blanc. Très belle épreuve d'artiste.

177 — Les amateurs d'estampes, par Courtry. Epreuve d'artiste sur japon, avec le portrait de Meissonier comme remarque.

178 — Polichinelle, par Courtry. Très belle épreuve d'artiste.

179 — Officier, par Gilbert. Très belle épreuve d'artiste sur parchemin, signée.

180 — Le liseur, par Jacquemart. Très belle épreuve d'artiste, signée.

181 — La Halte — En reconnaissance dans la neige. Deux pièces, la dernière est avant la lettre.

182 — Tourne bride, par Le Rat. Très belle épreuve d'artiste.

183 — Le convoi. — La barricade, par de Mare. Deux pièces, très belles épreuves d'artiste sur japon, signées.

184 — Solférino, par Nargeot. Très belle épreuve avec remarque sur japon, signée.

185 — Fumeur, par Oudart. Très belle épreuve d'artiste sur parchemin.

186 — La Chanson, par Vion. Très belle épreuve d'artiste avec remarque sur parchemin, signée.

MILIUS

187 — A la fontaine, d'après J. Breton. Très belle épreuve d'artiste avec remarque sur parchemin, signée.

188 — En vedette, d'après Schreyer. Très belle épreuve d'artiste sur japon, signée.

NICOLLE

189 — Marines, paysages, sujets divers. Treize pièces, très belles épreuves d'artiste.

NIEL (Melle)

190 — Tanneries sur les rochers, à Constantine. — Salle des pas-perdus au Palais de justice, etc. Quatre pièces, belles épreuves.

OUDART (Félix)

191 — Le moulin de Saint-Maurice. Très belle épreuve d'artiste avec remarque, signée.

192 — Cerfs sous bois — Calendriers 1885 et 1887. Quatre pièces, dont trois avant la lettre.

PENET

193 — L'Appel au passeur, d'après Minet. Belle épreuve avec remarque, sur japon.

PIGUET

194 — Parisienne. Très belle épreuve d'artiste sur chine.

POTERLET

195 — Ornements, lettres ornées, etc. Cinquante pièces, belles épreuves.

POYNOT (G.)

196 — Petite fille assise sur un rocher. Epreuve d'artiste sur parchemin, signée.

PUBLICATIONS DE CADART

197 — Trente eaux-fortes, épreuves d'artiste, sujets différents ; album composé.

198 — Trente eaux-fortes, épreuves d'artiste, sujets différents ; album composé.

199 -- Quarante-huit eaux-fortes, épreuves d'artiste, sujets différents ; album composé.

RAFFET

200 — Les Catalans sur la Rambla — Les incurables — Caricatures politiques etc. Onze pièces, très belles épreuves.

RAJON (P.)

201 — Le Buveur, d'après Seymour-Lucas. Deux épreuves dont une non terminée.

202 — Walters, de Baltimore ; deux portraits différents. Très belles épreuves avant la lettre.

203 -- L'empereur Claude, d'après Alma Tadéma. Très belle épreuve d'artiste sur chine signée du peintre et du graveur.

204 — Rêverie, d'après Jacquet — Lord Gower — R. P. Martineau — Mme Cleveland, etc. Onze pièces, belles épreuves dont sept épreuves d'artiste.

RASSENFOSSE

205 — Frileuse — Parisienne — Danseuse. Trois pièces, très belles épreuves d'artiste.

206 —Tailleur pour dames — L'union fait la force. Trois pièces, très belles épreuves d'artiste.

207 — Planche de croquis — Anna. Trois pièces très belles épreuves d'artiste.

208 — Impudence — Croquis, etc. Trois pièces, très belles épreuves d'artiste.

ROC-BHIAN (Aufray de)

209 — Retour de chasse. Très belle épreuve.

210 - Retour de l'étude — Soirée d'Août. Deux pièces, très belles épreuves d'artiste sur japon.

ROCHEBRUNE (de)

211 — Escalier de la lanterne du château de Chambord. Très belle épreuve d'artiste.

212 — Donjon du château de Chambord. Très belle épreuve avant la lettre.

213 — Cour intérieure du château de Blois — Château d'Ecouen — La Ste-Chapelle de Champigny. Trois pièces, belles épreuves.

ROPS (F.)

214 — Eplucheuse de pommes de terre. Très belle épreuve d'artiste sur japon.

215 – Parisine. Très belle épreuve d'artiste sur japon, signée du monogramme.

216 — Printemps. Très belle épreuve d'artiste, signée.

217 — Exercices de dévotion de M. Roch (grande planche). Très belle épreuve sur japon, signée.

218 — Le Sire de Lumey. Très belle épreuve d'artiste signée du monogramme.

219 - Chez les passants — Maternité. Deux pièces, très belles épreuves.

220 — Bas-fonds de la Société, frontispice. Très belle épreuve sur chine.

221 – Vignettes pour un ouvrage de Rodolphe Darzens. Quatre pièces, épreuves d'artiste sur japon.

222 — La femme au cochon, par Gaujean, en couleur. Très belle épreuve sur japon, encadrée.

RUDAUX (d'après)

223 — Etudes de paysage par Levasseur et De Blois. Deux épreuves d'artiste sur chine.

SADOUX

224 — Château de Chantilly, vue prise de la terrasse. — Vue prise des jardins. Deux pièces, très belles épreuves d'artiste sur japon.

SAFFREY

225 — L'Hôtel de ville de Paris après l'Incendie de 1871. — Le Nouvel Hôtel de ville. Deux pièces avant toutes lettres.

SOMM (H.)

226 — Japonisme. Très belle épreuve d'artiste, signée.

227 — Jeune femme. Très belle épreuve d'artiste.

228 — Brune. — Blonde. — Tête de femme. Trois pièces, très belles épreuves d'artiste dont deux sur japon.

229 — Calendriers de 1882, 1890, 1891. Trois pièces, très belles épreuves sur japon, signées.

230 — Frontispices. Trois pièces, très belles épreuves dont deux d'artiste.

231 — Invitations, croquis, sujets divers. Dix pièces, très belles épreuves d'artiste sur japon, signées.

232 — Mon Carnet ; suite de croquis originaux dans la couverture. Très belles épreuves.

SOUMY

233 — François Ier, d'après Le Titien. Très belle épreuve d'artiste sur chine.

TAIÉE

234 — Paris pendant le Siège et sous la Commune — Paris en train — Vues de Paris. Vingt-cinq pièces.

235 — Environs de Paris — Mantes — Bonneuil — Villiers, etc. Trente pièces.

236 — Dieppe — Trouville — Etretat — Arromanches — Tancarville, etc. Trente pièces.

237 — Paysages d'après Beauverie, Chintreuil, Corot, Diaz. Vingt-cinq pièces.

238 — Portraits — Paysages — Sujets divers. Vingt-six pièces.

TEYSSONNIÈRES

239 — St-Brunot refusant les présents du Comte Roger de Calabre, d'après J. P. Laurens. Très belle épreuve d'artiste.

TOUSSAINT

240 — Texte de jeune femme. Très belle épreuve d'artiste avec dédicace.

TROYON (d'après)

241 — Troupeau de vaches au paturage. Très belle épreuve avant toute lettre sur chine.

UNGER

242 — Jeune mère — Fumeur — Etude de vieillard — Noël — Intérieur de cabinet, etc. d'après divers. Treize pièces, très belles épreuves d'artiste sur chine.

VAN MUYDEN

243 — Son portrait tenant une pipe — Lion et lionne — Le tigre — Jument et son poulain. Quatre pièces, très belles épreuves d'artiste.

VIBERT (d'après)

244 — Toréro, par Mongin — Marchand de légumes à Pompéi par Monziès. Deux pièces, très belles épreuves d'artiste sur japon.

WALTNER (Ch.)

245 — Forbidden fruit, d'après Millais. Très belle épreuve imprimée sur bristol.

246 — Portrait du prince de Galles. Epreuve avant toutes lettres sur parchemin.

WHISTLER

247 — Portrait de Juste Becquet, statuaire, jouant du violoncelle. Très belle épreuve. Rare.

248 — Wapping Wharf. Superbe épreuve.

249 — En plein soleil. Très belle épreuve.

250 — Femme nue endormie. Très belle épreuve. Rare.

251 — Whistler dessinant sur les bords de la Tamise. Belle épreuve.

252 — Whistler dessinant entouré d'enfants, frontispice. Belle épreuve.

253 — Liverdun. Très belle épreuve.

254 — Petite vue de la Tamise. Très belle épreuve.

Grande Imprimerie du Centre. — A. HERBIN, Montluçon.

www.ingramcontent.com/pod-product-compliance
Ingram Content Group UK Ltd.
Pitfield, Milton Keynes, MK11 3LW, UK
UKHW020537180726
13839UKWH00006B/2560